Vorwort

Seit vielen Jahren beschäftigen wir uns mit den liebenswerten »Stachelrittern«,
von denen wir ungezählte über den Winter gebracht,
etliche verarztet und einige aufgezogen haben.
Unser großer Garten mit der anschließenden Pferdekoppel ist ein wahres
Igelparadies, in dem es große Reisighaufen, Holzstöße
und so viele Wildkräuter gibt, dass man sie ohnehin nicht mehr erfolgreich
mit der Hacke bekämpfen kann.
Hinzu kommen unterschiedliche, von uns angelegte Unterschlupfmöglichkeiten.
So ist es kaum verwunderlich, dass einige unserer Pfleglinge sich für ein Bleiben in
unserem Garten entschieden. Einige blieben heimlich und scheu,
andere liefen uns samt ihrer Jungen schon am helllichten Tag hinterher,
um ihr gewohntes Futter zu bekommen.
So haben wir über viele Jahre Beobachtungen, Erfahrungen
und vor allem auch Bilder gesammelt, die in diesem Buch ihren Platz finden.
Daher kommt es auch, dass zum Beispiel die Anzahl der größer werdenden
Jungen schwankt, denn die vielen Igelmütter, die in unserem Garten Junge
aufgezogen haben, hatten nicht immer gleich viele Junge.
Manch eine, von uns selbst von Hand aufgezogene Igelmutter
hatte nichts dagegen,
uns in ihr Nest schauen und fotografieren zu lassen.
Andere reagierten mit Fauchen und Hüpfen – wir ließen sie in Ruhe!

Heiderose & Andreas
Fischer-Nagel

Auch ein igelfreundlicher Garten mit vielen Wildkräutern
als Unterwuchs kann sehr schön sein!

In Erinnerung an unsere liebste »Igelsuchhündin«
Cheyenne, die niemals einem Igel auch nur einen
einzigen Stachel krümmte!

10. Auflage 2024,
© 2010 Verlag Heiderose Fischer-Nagel,
Brunnenstraße 7, D-34286 Spangenberg
Tel.: 05663/280, FAX: 05663/6562
e-Mail: fischer-nagel@t-online.de, URL: www.fischer-nagel.de
Alle Rechte, auch die der Bearbeitung oder auszugsweisen Vervielfältigung
gleich durch welche Medien, vorbehalten.
Fotos Käfer S. 12 und S. 30 sowie Fledermaus S. 40 Klaus Bogon, Kassel;
alle übrigen Fotos und Layout: Andreas Fischer-Nagel
Druck: Grafisches Centrum Cuno GmbH & Co. KG, Calbe
Printed in Germany

ISBN: 978-3-930038-25-1

FSC
www.fsc.org
MIX
Papier aus ver-
antwortungsvollen
Quellen
FSC® C043106

Heiderose und Andreas Fischer-Nagel

Ein Igeljahr

Verlag Heiderose Fischer-Nagel

Es ist Frühling. Rund herum in den Gärten hat die Sonne die ersten Schneeglöckchen und Krokusse hervorgelockt. Die Vögel zwitschern aufgeregt und sammeln Material für ihre Nester. Im Wald, auf Wiesen und in Hecken regt sich neues Leben.

Ende März Anfang April erwacht der Igel aus seinem Winterschlaf. Viele Wochen hat der zu den Säugetieren gehörende Insektenfresser tief und fest im großen Laubhaufen geschlafen, ohne zwischendurch zu fressen. Ganz zusammengerollt verbrachte er den Winter, sein Herz pochte weniger oft und seine Atmung ging langsamer als sonst. Aber jetzt spürt er, dass es wärmer wird. Mit seiner schwarzen Knubbelnase schnuppert er aus seinem Winterquartier heraus und macht sich hungrig auf die Suche nach Nahrung.

Igel sind wahrlich Überlebenskünstler. Schon seit 60 Millionen Jahren gibt es sie auf der Erde. Im Laufe dieser Jahre hat sich die Erde oft verändert und der Igel musste sich immer wieder an seine neue Umwelt, an andere Feinde und Nahrungstiere gewöhnen. Mit seiner perfekten Körperform, seinen wehrhaften Stacheln und seiner Lebensweise hat er es immer geschafft als Art zu überleben. Vor zwei Millionen Jahren kam der Mensch als neues Lebewesen hinzu. Auch wenn wir auf die Entwicklung der Erdzeitalter keinen Einfluss haben, so hat sich doch durch unser Dasein gerade in den letzten hundert Jahren vieles gewandelt:

Wir haben die Landschaft stark verändert. Heute durchziehen Straßen und Autobahnen das Land, Flüsse werden begradigt und teilweise in Kanälen gebändigt. Zahlreiche Felder sind dort, wo sich früher Wälder und Wiesen ausbreiteten. Ländliche Siedlungen wuchsen zu Städten heran. Während unsere Welt immer moderner und technisierter wird, Abfallberge und Umweltverschmutzung sichtbare Schäden hinterlassen, wurde der Lebensraum des Igels immer kleiner. Der Mensch entwickelte sich zu einem nicht einschätzbaren Feind des Igels. Der zunehmende Straßenverkehr wird ihm zum Verhängnis, er findet zu wenig Unterschlupfmöglichkeiten, wo er den Winter verschlafen kann, Insektenvernichtungsmittel vergiften seine Nahrung. Seine Umwelt ist auch Teil unserer Welt. Gemeinsam benötigen wir einen intakten Lebensraum.

Dehalb wollen wir dir viel vom Leben und den Bedürfnissen der Igel erzählen Wenn du ein kleiner Naturforscher bist, ist es leicht für dich, den kleinen stacheligen Gesellen selbst zu beobachten.

Frühling – Igelerwachen

Im März ist der Winter fast zu Ende und die Tage werden länger. Ab und zu ärgern uns noch ein paar letzte Schneeflocken und Nachtfröste, doch am Tage scheint die Sonne oft schon so angenehm warm, dass auf jeden Fall das Leben in der Natur langsam erwacht. Die Knospen an den Bäumen wachsen weiter und die ersten Frühjahrsblüher wie Schneeglöckchen, Winterlinge und Haselkätzchen locken Bienen und Insekten an, die ebenfalls während des Winters geschlafen haben.

Die Zugvögel, die den Winter weit weg von uns in wärmeren Teilen Europas oder gar Afrikas verbracht haben, kehren, geleitet von ihrer inneren Uhr, zurück.

Nicht alle Tiere können dem Winter auf und davon fliegen, sondern bleiben hier, so wie der Igel. Je nachdem, wie streng der Winter war, knackig kalt und lang oder mild, haben die Tiere ihn mehr oder weniger gut überstanden. Die steigenden Temperaturen lassen das Igelherz nun wieder 180 bis 200-mal in der Minute schlagen. Die Anzahl der Atemzüge steigt auf 40 bis 50 pro Minute. Es ist,

als ob der Igel aus seinem Dornröschen-
schlaf erwacht, »wachgeküsst von der
Wärme«, und nun ins neue Leben startet.
Er reckt sich und streckt sich, schnuppert mit seiner langen Nase in das neue
Jahr und sucht eifrig nach Nahrung.
Die verbrauchte Fettschicht muss nach
und nach erneuert werden. Natürlich ist
er dankbar, wenn wir ihm in dieser Zeit
noch einmal etwas Futter hinstellen. Die
Anzahl der Würmer, Schnecken und Käfer nimmt im Frühjahr erst langsam zu.

*Igel fressen gerne Katzenfutter, sowohl Trockenfutter als
auch das aus Dosen. Im Frühjahr hilft es ihnen, wieder
schneller zu Kräften zu kommen.*

Neustart ins Igeljahr

Ein bisschen wackelig scheint auch der in unserem Garten lebende Igel auf seinen Beinen zu sein. Während der Wintermonate hat er seine Speckschicht verbraucht. Geschwächt, aber sehr hungrig, stürzt er sich gierig ins neue Igeljahr und auf die ersten Regenwürmer, Asseln,

Käfer und Schnecken, die er in unserem Garten finden kann. Der Tisch ist für ihn im Frühjahr noch nicht so reichlich gedeckt und er muss viele Stunden in der Nacht durch das Gebüsch und über die Wiese stöbern, um genügend Beute zu finden. Bis zu drei Kilometer täglich legt er dabei zurück. Er läuft ziemlich schnell, kann gut klettern und sogar schwimmen.

Igel gehören zwar zu den Insektenfressern, vertilgen aber im Laufe des Jahres auch sehr nahrhafte Dinge, wie zum Beispiel Nüsse, kleine Nagetiere, Vogeleier, Frösche, Eidechsen und gelegentlich sogar Aas.

Sobald er satt ist, trägt der Igel eilig Materialien für sein Sommernest herbei. Das alte Winternest ist ihm zu feucht geworden und meist auch verschmutzt. Jetzt hätte er es gerne trocken und luftig und baut deshalb sein Nest, zum Beispiel unter einem Gebüsch, unter Hecken, in Holzstößen, in der Nähe eines Komposthaufens oder unter einem alten Holunderstrauch. Er gräbt dafür eine kleine Mulde und polstert sie mit Gras und Zweigen aus, unter denen er sich verbergen kann. Dort verschläft er den ganzen Tag und kommt erst wieder heraus, wenn es draußen dämmert und die Wiesen wieder feuchter werden. Ein Tier, das nachts auf Nahrungssuche geht, nennen wir »nachtaktiv«. Nachtaktive Tiere sind munter, wenn wir schlafen. Sie vertrauen ihrem Gehör und ihrer Nase. Ohne Mühe hörst auch du, wie die Igel schmatzen, schnaufen und grunzen, wenn sie auf Nahrungssuche sind oder sich paaren. Sie schleichen nicht wie andere Tiere, sondern wackeln

unbeirrt herum, bis sie selbst ein frem-
des Geräusch hören und sich schnell
zusammenrollen. Als Beobachter musst
du deshalb stets ganz leise auf der Lau-
er liegen!

*Unter dem dürren Laub (links) vom vorigen Herbst haben
sich zahlreiche Tiere versteckt, die dem Igel als Nahrung
dienen: Käfer, kleine Nackt- und Gehäuseschnecken
sowie Asseln und Würmer.*
*Die Eier eines am Boden brütenden Kleinvogels sind für
ihn ein Leckerbissen, die Schale von Hühnereiern kann
er wohl eher nicht selbst knacken (oben).*
*Sind die »Gartenigel« zutraulich, lassen sie sich auch
gern mit rohem Geflügelfleisch füttern (rechts).*

Igelmann sucht Igelfrau

Igel sind Einzelgänger. Im Mai beginnt jedoch die mehrwöchige Paarungszeit und die geschlechtsreifen Igelmännchen suchen nach Weibchen. Wer Gelegenheit hat, hört am späten Abend den Igel durch den Garten schnaufen. Die Geräusche werden lauter, wenn ein Igelmännchen auf ein anderes Igelmännchen trifft. Die beiden Rivalen, die ein Weibchen suchen, gehen mit gesenkten Köpfen aufeinander zu, stellen ihre Nackenstacheln auf, fauchen sich an, kämpfen miteinander und puffen dabei mit ihren Köpfen heftig zusammen. Kräftig schieben sie sich gegenseitig über den Boden. Schon nach kurzer Zeit ermüden sie. Der schwächere Igel rollt sich als Zeichen der Unterwerfung zusammen und verzieht sich dann. Es gibt dabei manchmal ernste Verletzungen, obwohl die Igel auf Grund ihres Stachelkleides wie durch eine Rüstung geschützt sind.

Auf seinem Streifzug trifft das Männchen irgendwann endlich auf ein Weibchen. Aufgeregt beschnuppert er es, umrundet es immer wieder und boxt es zärtlich in die Seite. Es faucht und grunzt auffordernd und sondert dabei einen ihm eigenen Lockstoff ab, der das Weibchen in Paarungsstimmung versetzen soll. Das Weibchen ist abweisend und rollt sich ein wenig ein. Zunächst findet es den

Lassen sich die Igel, so wie unsere zutraulichen hochheben, kann man leicht erkennen, welches ein Männchen (links) und welches ein Weibchen ist (rechts).

es sich erschreckt. Dennoch setzt es seine Liebeswerbung fort, umkreist das Weibchen weiter wie eine kleine Lokomotive, schnurrt und grunzt manchmal ein paar Stunden lang. Die Werbung kann sogar Tage dauern. Irgendwann jedoch lässt das Weibchen das Männchen »aufreiten«. Sie stellt die Hinterbeine etwas auseinander und legt ihre Stacheln flach an den Körper. Die Paarung selbst

Bewerber ganz offensichtlich sehr aufdringlich. Erst nach einer Weile schiebt die Igelfrau ihre schwarze Knubbelnase wieder hervor und beschnuppert das Männchen. Plötzlich zwickt sie es ein wenig in die Seite, dorthin, wo am Bauch nur Fell und keine Stacheln sind. Das Männchen zuckt zusammen, stellt seine Stacheln auf. Einen kurzen Moment hat

dauert nur wenige Sekunden. Nach der Igelhochzeit trennen sich die Partner gleich wieder. Es gibt keine »Ehe« wie bei anderen Tieren, das Weibchen kümmert sich allein um ihre Jungen.

Der Paarung – der Igelhochzeit – bei der das Männchen den Rücken des Weibchens besteigt (Bild links), geht ein langer, manchmal nächtelanger, »Hochzeitstanz« voran, bei dem es oft so scheint, als wolle das Weibchen das interessierte Männchen vertreiben (Bilder oben).

Nachwuchs im Sommer

BITTE NICHT STÖREN!

Kurz vor der Geburt ihrer Jungen baut das Igelweibchen ein neues Nest. Zuerst scharrt es eine tiefe Mulde in die Erde, polstert sie mit Reisig und Moos aus und häuft einen großen Berg mit Zweigen und Blättern darüber. Das Nest ist viel größer als das Winternest und die Igelin hat den Platz dafür sorgfältig ausgesucht. Dennoch baut sie manchmal ein weiteres Nest, in das sie zur Not mit ihren Jungen umziehen kann. Nach einer Tragzeit von ungefähr 32 bis 36 Tagen werden die kleinen Igel geboren. Es können 3 bis 10 Junge sein. Je nach Größe des Wurfs schwankt das Gewicht der Igelchen. Bei einem großen Wurf überleben meist nicht alle Jungen. Einige sind zu schwach oder bekommen nicht genug Milch ab.

Igelkinder sind Nesthocker, kommen hilflos, nackt und blind auf die Welt. Ihr zartes, drei Millimeter langes Stachelkleid ist weiß und noch ganz weich, weil die Stacheln tief in der noch aufgequollenen Rückenhaut liegen. Sie sind so weich, dass sie die Mutter während der Geburt auch nicht verletzen konnten. Erst nach Stunden, wenn die Haut der Kleinen trocknet, ragen diese Stacheln ein wenig weiter aus der Haut heraus. Sofort nach der Geburt werden die Jungen gesäugt. Die erste Milch ist wie bei allen Säugetieren die sogenannte Kolostralmilch, die besonders nahrhaft ist und die Abwehrkräfte der Kleinen stärkt. Dicht aneinandergedrängt liegen die Igelchen an den Zitzen der Mutter.

Die Stacheln der kleinen Igel sind zuerst noch ganz weich. Augen und Ohren sind geschlossen, sodass sie weder sehen noch hören können.

Vier kleine Igelkinder

Unser Igelweibchen bekam vier Junge. Die Geburt selbst kann man nicht beobachten. Zu groß ist die Gefahr, dass man das Weibchen stört und dann die Neugeborenen von ihr aufgefressen werden. Niemand, der Tiere liebt und beobachtet, würde ein solches Risiko eingehen wollen.

In den ersten zwei Tagen verlässt die Igelmutter ihre Jungen nicht. Erst nach dem dritten Tag riskieren wir bei dem sehr zutraulichen Weibchen einen Blick ins Nest. Dicht zusammengekuschelt liegen die Kleinen darin und wärmen sich gegenseitig. Die Mutter hat sie sorgfältig zugedeckt. Die Jungen haben zarte braune Stacheln bekommen, die nun zwischen dem weißen Stachelkleid wachsen. Ihre anfänglich rosa schimmernde Rückenhaut hat sich grau verfärbt. Kleine Igel zeigen viele angeborene Verhaltensweisen. Sie fauchen und puffen mit ihrem Rücken nach oben, wenn sie sich bedroht fühlen. Die Igelmutter hat viel zu tun. Sie säugt ihre Kinder Tag und Nacht, sodass die Winz-

linge, die bei der Geburt ungefähr 30 Gramm wiegen, schon nach kurzer Zeit ordentlich zunehmen. Im Alter von 14 bis 18 Tagen öffnen sich die Augen und Ohren.

Igel haben richtige Knopfaugen und zuerst meint man, dass sie damit bestimmt gut sehen können. Allein, dass sie nachtaktiv sind, verrät dir, dass die Augen keine so große Rolle spielen. Alle nachtaktiven Tiere verlassen sich lieber auf ihren Gehör- und Geruchssinn. Im Gesicht tragen sie Tasthaare, mit denen sie sich im Raum orientieren. Deshalb bleiben sie auch nicht irgendwo stecken.

Sie wissen ganz genau, wie groß das Loch im Zaun ist, durch das sie klettern wollen.

Die Igelnase ist wie ein kleiner Rüssel und ständig in Bewegung. Sie glänzt feucht und du kannst beobachten, wie ab und zu ein Tropfen aus ihr auf den Boden fällt. Damit gelingt es dem Igel, die Gerüche besser aufzunehmen. Er findet auf diese Weise schneller seine Nahrung, nimmt Artgenossen und Feinde wahr.

Seine kleinen Ohren, die du beim ersten Hinsehen gar nicht gleich siehst, sind sehr gut ausgebildet. Hohe schrille Töne

mag der Igel nicht und rollt sich rasch zusammen. Beobachtest du ihn beim Beutefang, siehst du, wie er manchmal stehen bleibt und lauscht, so wie du das vielleicht schon bei manchen Vögeln gesehen hast. Er **hört** seine Beutetiere durchs Gras kriechen oder hüpfen und lauert ihnen auf.

Erste Schritte

Jetzt wird es spannend. Die kleinen Igelkinder sind mächtig gewachsen und kommen gemeinsam mit ihrer Mutter aus dem Nest. Auf Schritt und Tritt folgen sie ihr. Sie müssen nun schon selbst nach Nahrung suchen. Sollte sich dabei mal eines verirren oder zu lange stehen bleiben und den Anschluss verpassen, stößt es einen lauten schrillen Angstpfiff aus und wird sofort von der Mutter geholt.

Die Igelchen sind jetzt ungefähr drei bis vier Wochen alt. Inzwischen haben sie ein dichteres Stachelkleid und die Milchzähnchen sind gewachsen. Sie schnuppern mit ihren schwarzen Knubbelnasen herum und suchen bereits nach kleinen Nacktschnecken und Würmern. Manchmal beobachtet man sie auch tagsüber. Sie gehen auf Tour, wenn die Mutter schläft.

Zuweilen sieht man sie in der Sonne sitzen, wenn sie sich putzen. Geschickt

Weniger bei den ganz kleinen Igeln als bei den großen erkennst du zwischen den Stacheln die dunkelbraunen, glänzenden, winzigen Flöhe (weiße Pfeile), die ihn plagen. Kleine dunkelbraune und weiße, fette hellgraue vollgesogene Zecken machen ihm zudem das Leben schwer. Wir sehen nur diese größeren äußeren Plagegeister. Die sich in die Haut einbohrenden Milben können wir mit bloßem Auge nicht erkennen.

Igel haben leider auch viele, in ihrem Körper lebende Würmer. Manche bekommen sie durch das Fressen von Schnecken. Würmer können dem Igel sehr gefährlich werden. In der Lunge verursachen sie so große Schäden, dass er viel husten muss.

Keinesfalls darf man einen kleinen Igel einfach mitnehmen; er findet allein ins Nest zurück oder wird irgendwann von der Mutter geholt und zurückgetragen.

kratzen sie sich mit den Hinterfüßen am Kopf und überall dort, wo sie noch hinkommen. Anschließend wird das Stachelkleid kräftig aufgeschüttelt. Selten beobachtest du ihn dabei, dass er sich zufrieden auf dem Rücken wälzt.

Auf großen Füßen

Igel sind schnell selbstständig. Wenn sie fünf Wochen alt sind und ungefähr 300 Gramm wiegen, verlassen sie das Wurfnest.

Immer wieder ist es erstaunlich zu sehen, wie perfekt ein kleiner Igel aussieht. Wie ein ausgewachsenes Exemplar verfügt er über die rundliche, dicke, kurze und gedrungene Gestalt.

Ein ausgewachsener Igel erreicht 20 bis 30 cm Länge. Die schwarzen, knopfartigen Augen ragen aus dem weichen, glatten, dunkelgrauen bis schwarzen Kopffell etwas heraus.

Seine Schnauze ist zu einem kurzen, spitzen Rüssel geformt, der am Ende eine kohlschwarze, runde, immer feuchte Knubbelnase trägt. Sein weiches warmes Fell am Hals und an der Bauchseite ist meist grau oder weißgrau, nur selten weiß. Wenn er schnell rennt, sieht man seine relativ langen Beine und staunt, auf was

für großen Füßen er unterwegs ist! Von der Hüfte bis zum Zeh sprechen wir über ganze 10 Zentimeter! Igel haben sogar einen Schwanz, der nur 2 bis 2,5 Zentimeter lang ist und deshalb für uns nicht sichtbar ist.

Das Erkennungszeichen aller Igel ist natürlich das Stachelkleid, das den Rücken und die Körperseiten bedeckt. Die Sta-

cheln sind dreifarbig: am Grund braun, in der Mitte gelblich und an der Spitze dunkelbraun.

Rate mal, wie viele Stacheln ein Igel hat: 8000 Stück! Sie sind nadelspitz und enden mit einer kleinen Kugel in einer Scheide der Haut. Damit wird verhindert, dass der Igel sich selbst sticht, falls er auf die Stacheln fällt. Außerdem ist es dadurch unmöglich, ihm Stacheln auszureißen. An jedem Stachel befinden

sich kleine Muskeln, mit denen sie der Igel bewegen kann. Bei Gefahr rollt er sich ganz zusammen, sodass er eine wehrhafte Kugel ist. Dabei ziehen Muskeln die Stachelhaut vorn über das Gesicht und hinten über den Schwanz. Ein kräftiger Ringmuskel entlang des Stachelhaarrandes zieht die Kugel fest zusammen. Dabei verschwinden Kopf und Beine vollständig im Inneren der Kugel.

Ist die Gefahr vorüber, entspannt sich der Igel zunächst in Zeitlupe, streckt die Nase heraus, um zu erschnuppern, ob die Luft »rein« ist. Einen Moment bleibt er ruhig sitzen. Dann läuft er blitzschnell mit flinken Füßen und langen Beinen in sein Versteck.

Der hier rechts abgebildete Stachel ist etwa dreimal so groß wie in Wirklichkeit. Die auf die Seitenzahl deutenden Stacheln in Originalgröße sind fast 3 cm lang.

Selbst bespuckt!

Was macht der Igel denn da? Auf seinem Beutezug durch den Garten bleibt er plötzlich stehen und tut etwas sehr Merkwürdiges: Vor ihm liegt ein für uns

scheußlich stinkendes Katzenhäufchen, doch den Igel scheint es zu begeistern. Aufgeregt kaut er darauf herum und bildet

aus dem Katzenkot und seinem Speichel eine Art schaumigen Brei. Dann dreht er den Kopf und »spuckt« diese stinkende, bräunliche Masse auf seine Stacheln an den Körperseiten. Damit verteilt er etwas vom »Katzenduft« auf sich selbst, so als ob wir ein schönes Deo oder Parfum benutzen. Um seinen Rücken oder die Flanken zu erreichen, muss er sich dabei ziemlich krümmen.

Selbst wenige Tage alte Igelbabys beherrschen schon dieses sonderbare Verhalten, denn es ist ihnen angeboren. Bei dem erst vier Tage alten Igelbaby auf dem Bild unten sieht man dabei deutlich seine dicke, rosa Zunge.

Meist sind es ungewöhnliche Dinge, die den Igel zu diesem Verhalten reizen: Lederschuhe, Gummistiefel, Zigarettenreste, Farbreste an Zäunen, tote Tiere und Exkremente. Zuerst schnuppern sie. Wie Pferde, die etwas Spannendes riechen, beginnen sie zu »flehmen«, das heißt, sie recken ihre Nase nach oben (Bild rechts), schnuppern und ziehen

dabei die Oberlippe hoch. Anschließend kauen oder lecken sie auf diesem ungewöhnlichen Gegenstand oder allem, was ihnen geeignet erscheint, herum; es riecht eben interessant und aufregend. Zur Wahrnehmung eines Geruchs hat der Igel ein besonderes Organ: das Jacobson'sche Organ. Es befindet sich in der Nasenhöhle und wird durch Gerüche oder auch durch einen Geschmack gereizt. Dadurch bilden Drüsen diesen Speichel, der eigentlich dazu da ist, Mund und Nase wieder von diesem starken Geruch zu reinigen. Nur so kann der Igel nämlich wieder neue Düfte aufnehmen. Warum er sich nun selbst bespeichelt, weiß man nicht so genau. Auf keinen Fall markiert er damit sein Revier. Es ist anzunehmen, dass sich der Igel auf diese Weise »tarnt«.

Kleiner Igel, pass auf!

Den Blick hoch vom Himmel nach unten gerichtet sucht der Habicht nach Nahrung. Er hält Ausschau nach Mäusen, anderen kleinen Säugetieren, Jungvögeln, Blindschleichen und Eidechsen. Sogar ein junger Igel gehört dazu, lässt sich aber wegen seiner Stacheln nicht gut packen!

Ein Uhu (oben), eine bei uns selten zu sehende Eule, ist eines jener Tiere, die es schaffen, einen Igel so schnell und so stark mit den Krallen zu verletzen, dass er sich nicht mehr rechtzeitig zusammenrollen kann. Die Füße großer Eulen und Greifvögel sind gut gepanzert. Die Stacheln können ihnen nicht allzu viel anhaben. Sie packen zu und reißen mit dem kräftigen Schnabel die Rückenhaut des Igels auf, wenn sie ihn nicht schon an der Bauchseite verletzt haben. Marder, Iltisse, Dachse (unten) und Füchse (rechts) schaffen es ebenfalls, Igel zu erbeuten. Meist erwischen sie ihn, wenn er selbst auf Beutefang aus ist oder aber gerade in sein Schlafnest wandert. Hunde verhalten sich Igeln gegenüber sehr unterschiedlich. Manche stöbern sie einfach nur auf, ohne sie zu greifen, andere beißen auch mal zu.

Die meisten Hunde beißen jedoch nur ein einziges Mal zu, denn die Schmerzen, die ihnen die Stacheln im Maul verursachen, sind gewaltig.

Als aufmerksamer Hundehalter achtet man deshalb auf Hund und Igel, denn beiden soll nichts passieren.

Der größte Feind des Igels ist leider – meist unbedacht und unabsichtlich – der Mensch. Wir haben am stärksten seinen Lebensraum verändert und schädigen mit vielen verschiedenen Maßnahmen unsere Umwelt. Die Gifte, die wir im Garten, in der Landschaft versprühen, vernichten zahlreiche seiner Nahrungstiere.

Er ist ein Endglied in der Nahrungskette und nimmt deshalb viel von den Giften auf, kann erkranken und möglichweise daran sterben. Wir sollten das immer bedenken, denn auch wir stehen als Glieder in einer solchen Nahrungskette!

Die vielen Straßen, der dichte Verkehr auf ihnen, die schnellen Autofahrer, die eilig durch die Nacht über die Landstraßen brausen, stellen die allergrößte Gefahr für den Igel dar. Sein Schutzmechanismus, sich zu einer Kugel zusammenzurollen, hilft ihm überhaupt nicht. In der Nacht findet er auf den Straßen viele andere Tiere, überfahrene Mäuse und Vögel, aber auch Insekten, die von der gespeicherten Wärme der Straße angezogen werden. Die Autofahrer sehen ihn gar nicht oder meist zu spät. Wie oft wird dabei auch eine Igelmutter überfahren! Ihre Jungen können ohne sie nicht überleben.

Das schmeckt dem Igel

Der Igel gehört zu den Insektenfressern und bevorzugt tierische Kost. Während des Sommers ist der Tisch reich für ihn gedeckt. Käfer, Falter, Spinnen und Asseln, aber auch zahlreiche Regenwürmer, Nacktschnecken, Gehäuseschnecken und Raupen vertilgt er und ist deshalb ein sehr nützlicher Helfer bei der Bekämpfung von Schadinsekten im Garten. Kleine Schnecken und Würmer verspeist er sofort. Große Nackt- und Wegschnecken bearbeitet er zuerst mit seinen Krallen und frisst sie dann stückchenweise.

Wie ein Spürhund schnüffelt er sein Revier ab und deutlich spürt man seine Erregung, wenn er ein Beutetier wahrgenommen hat. Um es zu finden, gräbt er unter Blättern oder schiebt mit der Nase kleine Zweige zur Seite, frisst sein Beutetier gierig und wandert eilig weiter. Nach dem Verzehr schleimiger Schnecken putzt er seine Schnauze im Gras ab. Besser zu fressen sind die Eier bodenbrütender Vögel und die kleinen nackten Mäuschen, deren Mutter gerade auf Futtersuche ist. Sie fallen ihm ebenfalls zum Opfer.

Hier siehst du viele Nahrungstiere des Igels: Links unten Regenwürmer, daneben eine Blindschleiche und über den beiden einen Mistkäfer, den Igel besonders mögen. Oben rechts auf der Seite ist ein Maikäfer zu sehen, die der Igel gerne nimmt, wenn sie sich gerade frisch aus der Erde wühlen. Einen dicken Grasfrosch (oben) wird der Igel wohl nur selten erwischen!

Besondere Leckerbissen sind die verschiedensten Käfer, die er mitsamt ihrem Panzer vertilgt. Während des Sommers erbeutet er zahlreiche Nachtfalter, Eidechsen, Schlangen und Frösche. Letztere hopsen, kaum dass sie sich von Kaulquappen in Minifrösche verwandelt haben, zu hunderten durch die Wiesen und stellen eine leichte Beute für den Igel dar. Manche Tiere können sogar giftig sein, zum Beispiel die seltene Kreuzotter. Ihr Gift schadet dem Igel nicht, er verträgt überhaupt mehr Gift, als man vermutet.

Igel sind bei ihrer Futtersuche sehr gelehrig. Schnell lernen sie, dass es an bestimmten Stellen viel Futter zu finden gibt. So suchen sie gezielt Komposthaufen auf, um dort nach Würmern (links unten) zu suchen. Unter Laternen oder beleuchteten Fenstern erbeuten sie leicht im »Lichttaumel« abgestürzte Käfer wie den Mistkäfer (linke Seite Mitte), den Maikäfer (links oben) oder das Große Nachtpfauenauge (oben).

Pilze sind Igeln willkommen, nicht um sie selbst zu fressen, sondern um die oft an ihnen sitzenden Insekten, Maden, Würmer und kleinen Nacktschnecken abzusammeln und zu verzehren.

Spinnen, wie diese große Hausspinne, sind für Igel ein Leckerbissen.

Grasfrösche (links) und Blindschleichen (darunter) erbeuten sie selten selbst, aber da sie gelernt haben, dass man an Straßen oft reiche Beute an überfahrenen Tieren machen kann, suchen sie diese zu ihrem eigenen Verhängnis leider oft gezielt auf.

Ein Igelgarten

Seinen Garten sollte man so gestalten, dass er auch noch Lebensraum für viele Tierarten bietet. Igel brauchen zahlreiche Versteckmöglichkeiten, um ihre Nester zu bauen. Dichte Hecken und Komposthaufen, Holzstöße, die jahrelang liegen bleiben, angelehnte Bretter, hinter die wir Stroh und Heu stopfen und im Herbst eine ausreichende Menge von Laub- und Reisighaufen sorgen dafür, dass sich ein Igel ansiedeln kann. Ein Garten mit vielen verschiedenen Pflanzen, die Insekten anlocken, Gemüsebeete, die nicht gespritzt werden und bitte auch ein paar Wildkräuter, die wieder andere In-

sektenarten anlocken, sorgen für einen igelgerechten Garten. Schon nach kurzer Zeit merken wir, dass es sich lohnt, den Schnecken auch mal ein paar Pflanzen zu überlassen. Hat der Igel nämlich entdeckt, dass sie regelmäßig im Salatbeet zu finden sind, ist er rechtzeitig zur Stelle und erledigt für uns die Bekämpfung der Schneckenplage.

Während des Sommers konnte sich der Igel dick und rund fressen. Im Herbst ist das Angebot an Beutetieren nicht mehr so reichlich und so lässt er sich auch andere Dinge schmecken. Der kleine Igel auf dem Bild unten sucht sicherlich nur nach Insekten und anderen Tieren,

baum knabbern hörten und feststellten, dass es zwei Igel waren, die sich die auf dem Steinweg zerplatzten oder zertretenen Nüsse schmecken ließen. *(Bild links unten)*

Keinesfalls ist es so, wie die Menschen es früher einmal glaubten: Kein Igel wälzt sich im Fallobst und transportiert es auf seinen Stacheln ab. Igel saugen auch nicht am Euter von Kühen!

die an den Äpfeln knabbern, denn so ein frisch vom Baum gefallener Apfel ist meist doch noch zu hart für ihn. Außerdem bevorzugt der Igel süßeres Obst wie überreife Birnen, die zum Beispiel die Igel in unserem Garten stets mit großem Appetit verzehren.

Erstaunt waren wir allerdings, als wir es eines Nachts unter unserem Walnuss-

In unseren Gärten sollten wir den Igeln nicht nur einige Überwinterungsmöglichkeiten anbieten, sondern den Garten nach möglichen Igelfallen kontrollieren, damit der Igel bei seiner Suche nicht irgendwo hineinfällt oder sich verheddert: Lichtschächte, leere Schwimmbecken, Netze, Drähte oder Gitter sind gefährlich.

Igel und Wasser

Meist reicht es Igeln, das Wasser, welches sich als Tau auf den Pflanzen absetzt, aufzulecken. Doch zuweilen gehen sie auch an Wasserstellen trinken. Dabei, oder aus Unachtsamkeit, kann es passieren, dass der Igel ins Wasser rutscht. Dies ist eigentlich nicht schlimm, denn er kann gut und schnell schwimmen.

Doch stürzt er in einen Teich mit steilem, glattem Rand oder gar in ein Schwimmbecken, kommt er nicht wieder heraus und muss ertrinken. Um dieses zu verhindern, sollte man ein rauhes Brett so schräg ins Wasser legen, dass es der Igel als Ausstieg benutzen kann.

Leere Schwimmbecken oder auch Teiche mit zu steilen, glatten Ufern, aus denen er nicht aus eigener Kraft ans Ufer krabbeln kann, stellen eine tödliche Gefahr dar. Das Laub im Garten liegen zu lassen, ist nützlich, denn besonders die jungen Igel bauen damit ihre ersten Nester.

Igel sind gute aber etwas hektische Schwimmer, die froh
sind, bald wieder das Ufer zu erreichen. Bietet man ihnen bei
Gartenteichen mit steilen oder glatten Wänden keine sichere
Ausstiegsmöglichkeit, müssen sie jämmerlich ertrinken.

Winterschlaf in Menschenobhut

Sobald die kalten Herbststürme über das Land jagen, die Felder abgeerntet sind und sich die ersten Zugvögel auf den Weg gemacht haben, wird es Zeit für die Igel ein passendes Winterquartier zu finden. Die meisten von ihnen haben sich bereits eine dicke Speckschicht angefressen und können unbesorgt die nahrungslose Zeit des Winters schlafend überstehen. Gefährlich ist es für die jungen Igel, die erst Ende August geboren wurden und nun noch nicht schwer ge-

und gierig mitfuttern. Manche dieser Igel sind extrem klein, wiegen gerade mal 500 Gramm. Ohne Hilfe würden sie den Winter nicht überleben.

Bevor du darüber nachdenkst, ob du einen Igel aufnimmst, solltest du wissen, dass Igel Wildtiere sind und durch das Naturschutzgesetz geschützt sind. Für ihre notwendige Pflege gelten Ausnahmeregeln.

Es gibt geeignete Igelstationen, die die Igel untersuchen und im Fall der Notwendigkeit auch unterbringen. Hast du selbst die Möglichkeit, kannst du die Leute durch die Aufnahme des Igels unterstützen. Dazu eignet sich ein kühler Kellerraum, ein Gartenhäuschen

nug sind. Bis in den November hinein bleiben sie aktiv und häufig beobachten wir sie an den Fressplätzen unserer Katzen, wenn sie einfach dazwischensitzen

oder auch ein geschützter Balkon, in dem eine Temperatur von ungefähr 6 Grad möglichst nicht überstiegen wird. Der Igel braucht ein gut isoliertes Häuschen aus Pappe oder Holz, ausgefüllt mit Zeitungspapier, das sich gut wechseln lässt. Da der Igel die erste Zeit über noch munter ist, muss er mit Futter und Wasser versorgt werden. Aber was frisst ein Igel? Geeignet ist Katzenfutter, das man mit Haferflocken, käuflichem Igeltrockenfutter und mal einem Ei und etwas pflanzlichem Speiseöl anreichern kann. Ein gekochtes Hühner-

beinchen findet der Igel auch sehr lecker. Hört er plötzlich auf zu fressen, hat er sich eingeigelt und schläft. Seinen Schlaf überwachen wir still und leise. Sollte er aufwachen, müssen wir ein wenig Futter anbieten. Im Frühjahr, wenn wir den aufgewachten Igel noch eine Weile gefüttert haben, können wir ihn in einem geeigneten Igelbiotop, bevorzugt aber auf jeden Fall dort, wo wir ihn gefunden haben, freilassen. Gut ist es, wenn er dort von uns noch ein paar Tage mit Futter versorgt wird.

Im Winter

Wie der Igel und andere Tiere den Winter verbringen

Schnee und Eis, Kälte und Nässe kennzeichnen den Winter. Kein Wunder, dass viele Tiere in den warmen Süden ziehen, wo es auch zu dieser Zeit genügend Futter für sie gibt.

Die Tiere, die bei uns bleiben, verbringen den Winter auf unterschiedliche Weise: Wir unterscheiden Winterruhe, Winterstarre und Winterschlaf:

Der Igel hält einen richtigen Winterschlaf. Dazu ist er gezwungen, sich im Laufe des Jahres genügend Fettreserven für den Winter anzufressen. Weil er aber nur eine begrenzte Menge Fett speichern kann, muss er damit sparsam umgehen und den täglichen Verbrauch gering halten. Die Natur hat ihm hierzu die Möglichkeit gegeben, seine Lebensfunktionen über die Wintermonate hinweg herabzusetzen. Während er in seinem Winternest liegt, das ihn vor Nässe und Frost schützt, sinkt seine Körpertemperatur von 37° C auf 5° C herunter. Sein Herz schlägt im Sommer 180 bis 200-mal in der Minute, im Winter nur 8 bis 9-mal pro Minute. Die Anzahl der Atemzüge verringert sich ebenfalls. Im Sommer sind es 40 bis 50 pro Minute, im Winter nur 3 bis 4. So ist der Stoffwechsel des Igels gesenkt. Er lebt sozusagen auf Sparflamme und verbraucht auf diese Weise seine Fettreserve viel langsamer. Doch eines ist erstaunlich: Sinkt die Temperatur

in seinem Nest soweit ab, dass der Igel tatsächlich **erfrieren** würde, steigt die Anzahl der Herzschläge und Atemzüge. Das lässt seine Körpertemperatur steigen, verbraucht aber eine Menge der kostbaren Fettreserve. Kein Wunder also, dass er nach einem strengen Winter im Frühjahr so dünn ist!

Echte Winterschläfer sind z.B. auch einige Fledermäuse, der Siebenschläfer und die Haselmaus.

Die Tiere, die Winterruhe halten, schlafen zwar auch, wachen aber regelmäßig

auf, um von den Vorräten zu fressen, die sie, wie z.B. der Feldhamster, eingelagert haben. Das Eichhörnchen und der Dachs sind ebenfalls bekannte »Winterruher«.

Und was machen eigentlich die Fische, Schlangen und Eidechsen? Sie gehören zu den wechselwarmen Tieren und verfallen im Winter in eine Winterstarre.

Vielleicht fütterst du die Vögel, die ans Futterhäuschen kommen oder du überwinterst mit Hilfe deiner Eltern einen Igel. Mit unserer Hilfe stören wir das biologische Gleichgewicht in der Natur, das eben nur die starken Tiere überleben lässt. Deshalb sind viele Menschen gegen eine Winterfütterung. Auf der anderen Seite haben wir die Landschaft so verändert, dass die Tiere immer weniger

Chancen haben zu überleben und ihre Art zu erhalten. Aus diesem Grunde ist unsere Hilfe, wenn sie richtig durchgeführt wird, im Sinne des Tierschutz durchaus berechtigt.

Auf dem Bild ganz links siehst du eine Fransenfledermaus im Winterquartier, oben links einen seltenen schwarzen Feldhamster, der gerade Wintervorräte sammelt, ebenso wie das Eichhörnchen unten. Die Haselmaus rechts braucht ebensowenig einen Wintervorrat wie der Igel, beide fressen sich eine Speckschicht an.

Igelverwandte

Der Igel ist in Europa in drei unterschied-
lichen Arten zu finden, die sich haupt-
sächlich in der Färbung des Fells und
des Stachelkleides unterscheiden.
Bei uns heimisch ist der westeuropäi-
sche Igel. Der osteuropäische Igel *(Bild
unten)* trägt ein sehr helles Stachelkleid.
Von Ferne wirkt er fast weiß. Igel gehören wie Spitzmäuse und Maulwurf *(rechte Seite unten)* zur Gruppe der »Insektenfresser« und sind deshalb mit diesen
verwandt, ebenso mit dem Tanrek, dem
Großohrigel und dem Rattenigel, die du
jedoch nur im Zoo bewundern kannst.

Der Maulwurf lebt unter der Erde, wirft
Erde zu den charakteristischen Hügeln
auf und gräbt unterirdisch lange Gänge,
in denen er mehrmals täglich auf Nahrungssuche unterwegs ist. Tief unten in
der Erde befindet sich sein Wohnkessel,
den er gemütlich mit Laub und Moos
auspolstert. Mit seinem walzenförmigen
Körper bewegt er sich in seinen Gängen
mühelos vorwärts und rückwärts. Sein
Sehvermögen ist nur gering ausgeprägt,
er orientiert sich mit Hilfe seines hervor-
ragenden Gehörs, seines Tastsinns und
seines Geruchsvermögens.
Spitzmäuse zeichnen sich durch einen
spitzen Rüssel und das typische, raub-

tierähnliche Insektenfressergebiss mit spitzhöckerigen Backenzähnen aus. Wie die Igel fressen sie Insekten und ihre Larven, Schnecken, Würmer und Käfer. Eine Spitzmausart lebt sogar im Wasser. Ihre Hinterfüße eignen sich zum Rudern. Sie schwimmt und taucht und jagt dabei Wasserinsekten, Frösche, Kröten und deren Larven sowie kleine Fische. Die Zwergspitzmaus ist das kleinste bei uns vorkommende Säugetier. Sie wiegt nur zweieinhalb bis siebeneinhalb Gramm. Spitzmäuse und Maulwürfe sind sehr nützliche Tiere. Da sie täglich mehr als ihr Eigengewicht fressen, vertilgen sie eine große Menge von Schädlingen.

Es gibt mehrere Arten Stachel- und Haarigel. Stacheligel haben richtige Stacheln, während Haarigel nur längere Haare haben und einen längeren Schwanz.

Nicht alle Tiere, die Stacheln tragen, sind Igel oder gar mit ihnen verwandt. Der im Meer lebende Seeigel und das zu den Nagetieren gehörende Stachelschwein *(oben)* sind einfach nur »Stacheltiere«.

Das Igeljahr

Januar — Winterschlaf

Februar — Winterschlaf, 1/3 Gewicht verloren

März — Langsames Erwachen, Nahrungssuche Gewichtszunahme

April — Nahrungssuche, Beginn der Paarungszeit

Mai — Paarung

Juni — Geburt der Jungen

Juli — Mutter und Junge verlassen das Nest

August — Junge werden selbstständig

September — Suche nach Winterquartier, Speckschicht anfressen

Oktober — Beginn des Winterschlafs

November — Beginn des Winterschlafs

Dezember — Winterschlaf

März:
Mancherorts wachen Igel Ende März auf.

April:
Die Igel sind aufgewacht. Sie gehen auf Nahrungssuche. Im Winter haben sie ungefähr ein Drittel ihres Gewichts verloren. Deshalb hat der Igel einen Riesenappetit.

Mai:
Im Mai findet der Igel viel zu fressen. Die Igelmännchen machen sich auf die Suche nach einem Weibchen.

Juni:
Inzwischen sind alle Igelmännchen auf der Suche nach einem Weibchen. Sie kämpfen miteinander. Weil die Igel die ganze Nacht auf Wanderschaft sind, werden viele überfahren. Zwei Drittel dieser Igel sind Männchen.

Juli:
Noch ist die Paarungszeit nicht zu Ende. Aber viele Igelinnen sind jetzt trächtig. Sie bauen ein Nest, um ihre Jungen zur Welt zu bringen. Die Männchen gehen wieder ihre eigenen Wege. Sie haben nichts mit den Igelkindern zu tun.

August:
Ende Juli bis Mitte August werden die meisten kleinen Igel geboren. Die ersten Igelbabys kann man erst Ende August beobachten. Sie laufen dann schon mit ihrer Mutter herum.

September:
Die jungen Igel fressen alles, was sie finden können. Sie müssen bis zum Winter ordentlich zunehmen. Sie sind jetzt schon selbstständig und bereiten sich auf ihr Leben ohne ihre Mutter vor. Ende September, Anfang Oktober werden sie ohnehin von der Mutter aus dem Revier vertrieben.

Oktober:
Das Nahrungsangebot in der Natur wird immer geringer. Während die älteren Igel schon ihre Winterquartiere vorbereiten, müssen die kleinen Igel noch fleißig Nahrung suchen.

November:
Nun bauen auch die jungen Igel ihre Nester. Sie sind noch nicht so schön ordentlich, sondern eher schlampig. Wenn sie es gut genug für den Winter ausgepolstert haben, legen sich die Igel schlafen.

Dezember:
Winterschlaf

Januar:
Winterschlaf

Februar:
Winterschlaf